« SORTIE DE PYTHON : DEVENEZ LE MEILLEUR DE LA PROGRAMMATION »

Contenu

Avant

Python est un langage de programmation flexible et populaire qui a acquis une utilité illimitée aux niveaux mondial et local, ce qui en fait un bon choix pour les personnes dans divers domaines, y compris les écrivains et les écrivains comme vous. Dans ce texte écrit par des humains, nous proposons un prologue de Python, explorons les raisons pour lesquelles l'apprentissage de Python peut être utile et vous guidons dans la configuration de votre environnement Python.

5

Qu'est-ce que Python ?

Python est un langage de programmation décodé indéniable, connu pour son expressivité et sa simplicité. Il a été créé par Guido van Rossum et publié pour la première fois en 1991. Python est connu pour sa structure de phrase impeccable et simple, similaire à celle de la langue anglaise. Cela représente une décision exceptionnelle pour les développeurs débutants et expérimentés.

Python est un langage open source, ce qui signifie qu'il peut être utilisé et distribué librement par n'importe qui. Il dispose d'un groupe local énorme et dynamique de concepteurs qui contribuent constamment au développement, produisant une vaste bibliothèque de modules et de bundles à des fins diverses.

Pourquoi apprendre Python ?

En tant qu'essayiste et éditeur, il existe des raisons impérieuses pour lesquelles l'apprentissage de Python peut être utile :

Mécanisez les tâches ennuyeuses : Python vous permet d'informatiser des tâches fastidieuses et ennuyeuses comme le partage d'informations, la création de tableaux de bord et le traitement de texte. Cela vous permet de gagner du temps pour d'autres projets innovants.

Explorer et représenter des informations : Python dispose de bibliothèques puissantes telles que Pandas, NumPy et Matplotlib qui vous permettent de décomposer les informations et de créer des représentations pouvant être significatives pour l'exploration et la création de contenu.

Django et Cup sont utilisés et vous accompagnent dans la création de sites internet et les phases en ligne pour faire avancer votre travail.

Gestion du langage normal (NLP) : les bibliothèques NLP de Python telles que NLTK et spaCy sont d'incroyables outils de sélection d'actualités, de recherche d'opinion et de traitement du langage qui peuvent être utiles aux scientifiques et aux développeurs.

Similarité entre les étapes : Python est accessible sur différentes étapes, garantissant que votre travail est accessible à un large public.

Configuration du climat Python

Pour que tout fonctionne avec Python, vous devez configurer votre climat Python. Voici les phases de base :

Ressources d'apprentissage : explorez des didacticiels, des livres et des cours en ligne pour apprendre Python. Pensez aux plateformes comme Codecademy , Coursera ou edX qui proposent des cours Python complets.

Pratique : commencez à écrire du code Python pour pratiquer et renforcer vos découvertes. La nature intuitive de Python en fait un langage exceptionnel pour l'apprentissage par essais et erreurs.

Dans l'ensemble, Python est un langage de programmation flexible qui peut énormément aider les auteurs et les développeurs en fournissant des capacités de mécanisation, des outils d'analyse d'informations et des capacités d'amélioration du Web, et à partir de là, il n'y a plus aucune limite. La configuration de votre environnement Python est l'étape la plus importante pour tirer parti de la puissance de Python pour améliorer votre travail et votre efficacité. Demandez des subtilités uniques supplémentaires ou de l'aide sur n'importe quelle partie de Python que vous souhaitez explorer davantage.

Faites tout bouger avec Python :

Python est un langage de programmation adaptable et largement utilisé. Sa conception étymologique parfaite et facile à comprendre en fait un choix incroyable pour les jeunes. Pour commencer, Python doit être installé sur votre PC. Vous pouvez le télécharger depuis le site Web de Power Python (python.org).

Votre programme Python le plus important :

Pourrions-nous commencer par créer votre premier programme Python ? Ouvrez un programme de traitement de texte (par exemple Journal) et créez un autre enregistrement avec une extension

« .py ». Par exemple, vous pouvez le nommer « my_first_program.py ».

Dans cet enregistrement, vous pouvez commencer par un essentiel « Bonjour, Monde ! »

python

Copier le code

```python
print("Bonjour tout le monde !")
```

Enregistrez l'archive et ouvrez votre terminal ou demandez un briefing. Examinez l'enveloppe dans laquelle vous avez enregistré votre rapport Python et exécutez-la avec la requête suivante :

Copier le code

Python

mon_premier_programme.py

Vous verrez le résultat « Hey, World ! » sur votre écran. Toutes nos félicitations! Vous avez récemment exécuté votre programme Python le plus important.

Éléments et types de données :

Avec Python, vous pouvez travailler avec différents types de données, par exemple des nombres, des nombres à virgule flottante, des chaînes et à partir de maintenant, tout est possible. De même, vous pouvez représenter des variables pour stocker des données.

Voici un exemple de description d'éléments et d'affichage de leurs propriétés :

```python
Copier le code
# Éléments et types de données
Âge = 30 # un entier
Niveau = 1,75 # un flotteur
nom = "Jean" # une chaîne


# Facteurs de pression
```

```python
print("Nom :", Nom)
print("Âge :", Âge)
print("Hauteur :", niveau)
```

Ce code représente les facteurs d'âge, de niveau et de nom et affiche leurs propriétés.

Données et résultats importants :

De plus, Python permet une relation avec le client via des données et des résultats. Vous pouvez utiliser la capacité information() pour récupérer les données client et la capacité print() pour afficher des informations.

Voici un modèle :

python
Copier le code

Ce ne sont là que les véritables bases de la programmation Python. Au fur et à mesure que vous approfondissez Python, vous pouvez explorer des sujets et des bibliothèques plus déroutants pour diverses applications, notamment l'évaluation des données et le développement Web, et ce n'est qu'un petit aperçu de quelque chose de plus grand. Pour être honnête, un appareil adaptable peut renverser votre pièce et repousser les limites en motorisant les tâches et en analysant les données.

Déclarations restrictives (if, elif , else)

Les proclamations conditionnelles sont utilisées pour soutenir les décisions dans votre code. Ils vous permettent d'exécuter différents blocs de code dans des circonstances spécifiques. Voici un aperçu :

if proclamation : il vérifie en fait une condition et exécute un bloc de code si la condition est valide. Par exemple:

```python
python
Code en double
si condition :
# Code qui s'exécute en supposant
que la condition est valide
```

proclamation elif : signifie « sinon si ». Elle est utilisée pour examiner des circonstances supplémentaires lorsque la condition « si » sous-jacente est fausse. Par exemple:

```python
Code en double
dans le cas où la condition1 :
# Code à exécuter en supposant que la condition1 est valide
elif2 :
# Code à exécuter si la condition2 est valide
```

Articulation sinon : ceci est utilisé avec une proclamation « if » pour exécuter du code en supposant que la condition sous-jacente est fausse. Par exemple:

```python
Code en double
dans le cas où cette condition :
# Code qui s'exécute en supposant que la condition est valide
```

différent:

```
# Code à exécuter au cas où la condition serait trompeuse
```

3.2 Cercles (pour et en tenant compte)

Les cercles sont utilisés plusieurs fois pour recycler un bloc de code. Il existe deux principaux types de cercles en Python :

pour cercle : il est utilisé lorsque vous souhaitez mettre en évidence un groupe (par exemple un aperçu ou une série de chiffres) et effectuer un processus similaire pour tout dans l'ordre. Par exemple:

python
Code en double
pour une chose à la fois :

```
# Code à exécuter sur tout le groupe
```

cercle while : ce cercle est exécuté jusqu'à ce qu'une certaine condition soit valide. Il n'est pas surprenant de l'utiliser lorsque vous n'avez pas la moindre idée de la fréquence à laquelle vous avez réellement besoin de réchauffer un bloc de code. Par exemple:

```python
Code en double
tandis que la condition :
# Code à exécuter tant que la condition est valide
```

Contrôler l'activité du flux

Pour maîtriser ces idées, vous pouvez répéter avec des exercices. Voici quelques modèles :

Créez un programme Python qui vérifie si un nombre donné est pair ou impair à l'aide de proclamations restrictives.

Créez un cercle qui affiche les nombres de 1 à 10 à l'aide d'un cercle.

Faites la promotion d'un programme qui demande au client de saisir son âge en fonction d'une période donnée. Continuez à demander jusqu'à ce qu'ils atteignent un âge acceptable (par exemple entre 1 et 100 ans).

Ces activités vous aideront à améliorer vos connaissances en conception de puissance de contrôle et à améliorer vos compétences en programmation.

Demandez d'autres subtilités ou modèles liés à ces idées ou activités spécifiques que vous souhaiterez peut-être approfondir.

Python fournit quelques structures d'informations sous-jacentes, chacune répondant à un besoin spécifique :

- Listes : les enregistrements sont des collections d'éléments demandées et peuvent stocker différents types d'informations. Ils sont marqués par des sections carrées, par exemple [1, 2, 3]. Les enregistrements sont modifiables, ce qui signifie que vous pouvez ajouter, supprimer ou modifier des composants.

- Tuples : les tuples sont comme des enregistrements, mais ils sont persistants, ce qui signifie que leurs composants ne peuvent pas être modifiés une fois créés. Ils sont caractérisés à l'aide de suppléments, par ex. B. (1, 2, 3).

• Dictionnaires : les références de mots utilisent des correspondances d'estime de clé pour stocker des informations. Ils sont entourés de supports en forme de vague et ont la configuration {'key': 'value'}. Les références de mots sont particulièrement utiles pour les requêtes rapides.

• Ensembles : les ensembles sont des combinaisons non ordonnées de composants individuels. Ils sont identifiés par des supports ondulés ou par le constructeur set(). Par exemple {1, 2, 3}.

- Chaînes : les chaînes sont des arrangements de caractères. Ils constituent également une structure d'information en Python et peuvent être contrôlés comme les autres structures d'information.

- Tableaux : Python dispose d'un module de cluster qui vous permet de créer et de contrôler des expositions. Les clusters sont plus productifs en termes de stockage que les ensembles de données, tout en gérant d'énormes ensembles de données contenant un seul type d'informations.

- Piles et lignes : ce sont des types d'informations dynamiques qui peuvent être exécutées à l'aide d'ensembles de données. Les piles suivent la politique LIFO (Rearward

In-First-Out) tandis que les lignes suivent la règle FIFO (Eariest In, Early Out).

• Ensembles de données connectés : les ensembles de données connectés constituent une structure d'information fondamentale dans le développement de logiciels. Ils sont constitués de hubs interconnectés et peuvent être utilisés pour gérer diverses structures d'informations telles que des piles, des lignes, et à partir de là, il n'y a plus aucune limite.

• Arbres et diagrammes : les arbres et les diagrammes sont des structures d'informations avancées. Les arbres ont un seul nœud racine avec des nœuds enfants, tandis que les graphiques sont constitués de nœuds reliés par des arêtes. Ils sont utilisés dans de nombreuses applications, notamment le tri d'informations à différents niveaux et l'affichage organisationnel.

• Conceptions d'informations personnalisées : malgré les structures d'informations implicites, Python vous permet de créer des structures d'informations personnalisées adaptées à vos besoins spécifiques. Ceci peut être réalisé grâce à des cours et des articles.

• Lors de l'explication des structures d'information, il est fondamental de comprendre leurs qualités et leurs cas d'utilisation et de fournir des guides de code pour illustrer leur fonctionnement. Vous pouvez également examiner les calculs et les tâches liés à chaque structure d'information. Cette méthode élégante et concise rendra votre matériel éducatif et stimulant pour votre lecture.

• Assurez-vous d'éviter toute violation du droit d'auteur en créant des liens vers des sources utilisant les données d'autres journalistes et en fournissant des expériences et des explications uniques pour rendre votre contenu exceptionnel et important.

Fonctions en Python :

Les compétences sont des éléments structurels cruciaux en Python. Considérez-les comme des morceaux de code réutilisables qui effectuent une tâche spécifique. Ils sont identifiés par le mot-clé « def » , suivi du nom de la fonction et des pièces jointes. Voici un modèle de base :

```python
Code en double
certainement salutations(nom):
print("Bonjour, " + nom)

salutations("Alice")
```

Dans ce modèle, nous caractérisons un message d'accueil de capacité qui prend un conflit et un nom et génère un « Bonjour ». Lorsque nous appelons greet("Alice"), il affiche "Salut, Alice".

Les compétences peuvent également renvoyer des valeurs. Par exemple:

python
Code en double
def ajouter (a, b):
retourner a + b

Résultat = ajouter(3, 4)
print(result) # Cela imprimera 7
Les fonctionnalités sont essentielles au mappage du code, à la réutilisabilité et au maintien d'une base de code propre.

Modules en Python :

Les modules en Python sont des ensembles de données contenant du code Python. Vous pouvez caractériser les compétences, les classes et les facteurs. La bibliothèque standard Python se compose d'un certain nombre de modules offrant un grand nombre de fonctionnalités. Vous pouvez également créer vos propres modules.

Par exemple, si vous disposez d'un document appelé my_module.py avec le contenu associé :

```python
python
Code en double
déf say_hello (nom) :
Renvoie « Bonjour » + nom
```

```
ma_variable = 42
```

Vous pouvez inclure ce module dans un autre script Python :

```python
Code en double
Importer mon_module

résultat = mon_module.say_hello("Bob")
print(result)  # Cela affichera « Salut, Sway ».

print( my_module.my_variable ) # Cela imprimera 42
```

Les modules vous aident à coordonner le code dans des ensembles de données isolés, ce qui facilite la surveillance des activités à grande échelle et le partage du code avec d'autres.

Utilisation des fonctions des modules :

Vous pouvez également caractériser des fonctions dans des modules et les utiliser dans votre code. Par exemple, si vous disposez d'un module math_operations.py :

python
Code en double
def multiplier (a, b):
retourner a * b
Vous pouvez intégrer cette fonctionnalité dans d'autres contenus :

python
Code en double
Importer des opérations mathématiques

```
Résultat                            =
math_operations.multiply (5, 6)
print(result) # Cela imprimera 30
```
Ceci est un aperçu de base des fonctions et des modules de Python. Ils sont fondamentaux pour créer un code coordonné, réutilisable et compétent. En tant qu'essayiste et écrivain, il peut être utile pour vous de comprendre clairement ces idées tout en expliquant la programmation Python à votre public.

Cours et articles :

En POO, une classe est similaire à un diagramme ou à une mise en page pour créer des objets. Un élément, à son tour, est une instance d'une classe. Considérez un cours comme une recette et un produit comme le plat authentique préparé à partir de cette recette.

Nous devrions approfondir les composants critiques de la POO en Python :

Encapsulation : cette idée consiste à regrouper les informations (crédits) et les stratégies (travaux) qui fonctionnent avec les informations dans une seule unité appelée classe. Cela permet de maintenir l'utilitaire associé ensemble et de développer un code propre et coordonné.

Héritage : L'héritage permet à une classe d'acquérir des traits et des techniques d'une autre classe. Cela encourage la réutilisation du code et la création de classes spécifiques supplémentaires. Par exemple, vous pouvez avoir une classe Vehicle non exclusive, puis créer des classes explicites telles que Vehicle et

Bicycle qui héritent des propriétés de la classe Vehicle.

Polymorphisme : il s'agit de la capacité de différentes classes à être traitées comme des cas d'une superclasse typique. Il vous permet d'écrire du code plus conventionnel qui fonctionne avec différents types d'articles.

Abstraction : La délibération améliore la réalité complexe en présentant les cours à la lumière de leurs éléments de base tout en cachant les subtilités superflues. C'est comme utiliser un contrôleur sans savoir comment fonctionne le matériel interne. Vous n'avez pas besoin de connaître les subtilités complexes pour vraiment l'utiliser.

Nous devrions montrer ces idées avec un simple modèle de code Python :

```python
python
Code en double
Classe de créature :
    def __ init __(soi, nom) :
self.name = Nom

    def parler (soi):
arriver

Chien de classe (animal) :
    def parler (soi):
return f"{self.name} dit Woof!"

Chat de classe (animal) :
    def parler (soi):
return f"{self.name} dit Whimper!"

# Objets artisanaux
canine = chien ("copain")
```

```
félin = chat ("moustaches")
```

Utiliser le polymorphisme pour appeler une stratégie de conversation

```
pour la créature dans [chien, chat] :
print( animal.speak ())
```

Dans ce modèle, nous avons une classe de base « Créature » avec une stratégie de conversation et deux sous-classes, « Chien » et « Félin », chacune fournissant sa propre exécution de conversation. Cela montre l'héritage et le polymorphisme.

En tant qu'essayiste et écrivain, vous pouvez interpréter ces idées d'une manière ouverte à votre lecture, en fournissant des modèles réels et des applications judicieuses. Comprendre la POO est crucial pour tout développeur de logiciels, et votre capacité à transmettre ces idées sera évidemment une ressource importante dans vos efforts de composition et de distribution.

Gestion des enregistrements en Python

Python fournit quelques fonctions et stratégies de base pour traiter les ensembles de données. Ces compétences vous permettent de lire et d'écrire sur des documents, ce qui est particulièrement utile pour gérer et surveiller le texte ou les informations avec lesquelles vous travaillez dans vos projets de composition et de distribution.

Voici les principales activités liées à la gestion des enregistrements en Python :

Ouvrir un document :
Pour communiquer avec un enregistrement, vous devez d'abord l'ouvrir. Pour cette raison, Python fournit la fonction open(). Vous pouvez préciser le nom et le mode du document (« r » pour « Lire », « w » pour « Créer », « a » pour « Ajouter », etc.).

python
Code en double
```
document = open("exemple.txt", "r")
```
Révision d'un document :
Pour lire le contenu d'un document, vous pouvez utiliser des techniques comme read(), readline () ou readlines ().

python
Code en double
contenu = fichier.read ()
Restez en contact avec un document
:
Pour créer ou modifier un document, vous pouvez l'ouvrir en mode composition et utiliser des techniques comme compose() pour ajouter du contenu.

python
Code en double
enregistrement =
open("new_file.txt", "w")
file.write ("Ceci est un texte.")
Fermer un document :
Ceci est essentiel pour fermer un enregistrement après avoir travaillé dessus. Vous pouvez le faire en utilisant la stratégie near().

python
Code en double
fichier.close ()
Joindre à un document :
Pour ajouter du contenu à un enregistrement actuel sans écraser son contenu en cours, vous pouvez l'ouvrir en mode Ajouter (« a »).

python
Code en double

```python
document = open("fichier_existant.txt", "a")
file.write (« Ce texte sera ajouté à la bordure la plus extérieure du document. »)
```

Avec articulation (Superviseur de Mise en Place) :
Python prend en charge l'utilisation de la proclamation with, qui ferme le document lorsque vous en avez terminé. Il s'agit d'une méthode plus utile de gestion des documents.

```python
Code en double
avec open("example.txt", "r") comme document :
contenu = fichier.read ()
# Le document est donc fermé ici
```

Erreurs dans le traitement de :
Lorsque vous travaillez avec des ensembles de données, des cas particuliers urgents peuvent survenir, par ex. Par exemple, si un document n'est pas trouvé ou s'il y a des problèmes d'autorisation. Vous pouvez le faire en incluant des tentatives excluant les blocs.

```python
Code en double
tentative:
document = open("non_existent_file.txt", "r")
```

mais FileNotFoundError :
print("L'enregistrement de données n'existe pas.")

Travailler avec des enregistrements de texte :
Avec les fichiers texte, il est souvent judicieux de lire ou d'écrire ligne par ligne. Vous pouvez utiliser un cercle for pour répéter les lignes.

python
Code en double
avec open("text_file.txt", "r") comme document :
pour la ligne du document :
imprimer(ligne)
Assurez-vous d'appliquer ces procédures de maintenance des documents à vos projets de composition et de distribution au cas par cas, que vous travailliez avec du contenu, des informations

ou des documents de conception. Un document légitime du conseil d'administration est essentiel pour maintenir la fiabilité de votre travail.

Points de haut niveau en Python

Décorateurs : Les décorateurs Python vous permettent de modifier le comportement des fonctions ou des techniques. Ils sont couramment utilisés pour des tâches telles que la journalisation, l'approbation et la mémorisation . Comprendre les décorateurs peut vous aider à écrire un code plus isolé et plus propre.

Générateurs et itérateurs : ils sont fondamentaux pour le stockage efficace de la carte et pour le travail avec d'énormes ensembles de données. Les générateurs forment des itérateurs et peuvent jouer un rôle essentiel dans la gestion des séquences d'informations.

Métaclasses : Les métaclasses fournissent une méthode pour

caractériser la conception et l'exécution des classes. Ils sont particulièrement utiles pour créer une structure ou créer des directives de codage pour vos tâches.

Concurrence et parallélisme : Python propose différentes manières de travailler avec des chaînes et des cycles pour une programmation simultanée et équivalente. Les modules de stringing et de multitraitement sont fondamentaux dans cette situation unique.

Asyncio : En supposant que vous aimez la programmation sophistiquée, la bibliothèque Asyncio vous permet d'écrire du code sophistiqué et non gênant qui peut être extrêmement utile pour créer des applications réactives.

Comprendre comment Python gère l'expansion et la terminaison des variables est crucial pour créer un code solide et utilisable. C'est une idée centrale de l'approche basée sur les compétences de Python.

Articulations ordinaires : Les articulations ordinaires sont un grand atout pour le traitement de texte. Savoir comment les utiliser peut être une ressource essentielle lors de la gestion des informations textuelles.

Informations de haut niveau Designs : Python fournit des structures d'informations de haut niveau telles que Sets, NamedTuples et Defaultdicts qui peuvent rendre votre code plus efficace et plus expressif.

Bases de données d'informations et ORM : en supposant que vous soyez impliqué dans le développement Web ou dans des applications basées sur l'information, il est important de comprendre comment travailler avec des ensembles de données, y compris l'utilisation de bibliothèques de planification sociale d'articles (ORM) telles que SQLAlchemy .

Tests et inspection : les stratégies de tests de haut niveau, telles que les tests unitaires, les tests et l'amélioration pilotée par les tests (TDD), peuvent contribuer à garantir la qualité et la fiabilité de votre code.

Faites-moi savoir si vous souhaitez explorer l'un de ces sujets plus en détail, ou si vous avez une demande spécifique liée à votre travail de composition ou de distribution.

- Python est un langage de programmation flexible largement utilisé pour l'amélioration du Web en raison de sa simplicité, de sa compréhensibilité et de son large éventail de bibliothèques.
- Systèmes Web : Python dispose de certains systèmes Web qui améliorent l'interaction de développement. Deux des

plus célèbres sont Django et Cup.

- Django : Django est une structure web Python incontestable qui suit le principe des « piles incluses ». Il offre de nombreux avantages implicites, notamment un tableau d'administration, une confirmation client et un cadre de planification sociale d'articles (ORM). Cela en fait un choix exceptionnel pour les tâches plus importantes et plus complexes.

- Flacon : Flagon est un système miniature, ce qui signifie qu'il est plus modéré et vous donne plus de contrôle sur les pièces que vous devez utiliser. C'est incroyable pour des entreprises et des modèles plus modestes.

- Correspondance des bases d'informations : Python se coordonne parfaitement avec diverses bases de données d'informations. Vous pouvez utiliser SQLite pour des applications simples, PostgreSQL , MySQL ou même des ensembles de données NoSQL comme MongoDB , selon les besoins de votre tâche.

- Améliorations frontales : pour dessiner sur des sites Web, vous devez utiliser

HTML, CSS et JavaScript en conjonction avec Python. Les bibliothèques comme Jinja2 sont généralement utilisées pour la création de modèles afin d'insérer du code Python dans les mises en page HTML.

- API apaisantes : Python peut être utilisé pour créer des API Serene qui permettent à vos applications Web de se connecter à des administrations externes ou à d'autres applications.

- Déploiement : vous disposez de plusieurs options pour déployer vos applications Web Python. Les solutions bien connues incluent des phases comme Heroku , AWS ou la configuration de votre propre serveur avec Nginx et Gunicorn ou uWSGI .

- Cadres d'administration de contenu (CMS) : si vous êtes préoccupé par la distribution, vous devriez sérieusement envisager d'utiliser un CMS basé sur Python comme Wagtail ou Mezzanine, qui peut garantir une gestion et une distribution fluides.

- Sécurité : La sécurité Web est essentielle. Python dispose de bibliothèques telles que le système d'information de sécurité (SKF) de l'OWASP et diverses structures d'attestation pour vous aider à récupérer vos applications.

- Évolutivité : réfléchissez à la manière dont votre site Web évoluera à mesure que votre lectorat se développera. Python convient aussi bien aux petites qu'aux grandes entreprises, mais vous devez prendre des décisions de conception en gardant à l'esprit la polyvalence.

- SEO : L'amélioration du site Web est fondamentale pour les distributeurs. Les bibliothèques Python comme Delightful Soup et Scrapy peuvent vous aider à récupérer et analyser des informations pour améliorer la conception de sites Web.

- Livraison de contenu : lors de la distribution de contenu, une organisation de livraison de substances (CDN) peut aider à fournir le contenu aux clients plus rapidement. Python peut être utilisé pour surveiller et mécaniser les tâches liées au CDN.

- Assurez-vous que votre contenu reste unique et engageant, car votre travail en tant qu'essayiste et éditeur ne concerne pas seulement les aspects spécifiques du développement Web, mais également la création de contenu qui ravit votre public. Assurez-vous également de toujours suivre les meilleures pratiques dans votre travail et d'éviter le vol littéraire.

Python pour les sciences de l'information

Le rôle de Python dans les sciences de l'information peut être largement divisé dans les domaines suivants :

Contrôle de l'information : Python fournit des bibliothèques telles que NumPy et Pandas qui sont fondamentales pour le contrôle de l'information. Vous pouvez expliquer comment ces bibliothèques permettent de traiter d'énormes ensembles de données, de nettoyer les informations et d'apporter des modifications.

Représentation de l'information : Matplotlib et Seaborn sont des outils étonnants pour créer des représentations d'information. Comprenez comment ces bibliothèques peuvent aider à créer des tableaux, des graphiques et des tracés intelligents pour véritablement transmettre les dérives d'informations.

La bibliothèque Scikit -Learn de Python est largement utilisée pour créer des modèles d'IA. Examinez l'importance de cela dans les sciences de l'information et donnez des exemples d'applications réelles.

Deep learning : TensorFlow et PyTorch sont connus pour leurs projets de deep learning. Vous pouvez découvrir comment ces bibliothèques réforment des domaines tels que la reconnaissance d'images et le traitement normal du langage. À partir de là, il n'y a plus de limites à ce que vous pouvez faire.

Recherche d'informations : parlez de l'importance des blocs-notes Jupyter pour la recherche d'informations intuitive et de la manière dont ils fonctionnent avec les efforts coordonnés des chercheurs en informations.

Intégration des sources d'informations : Python peut communiquer avec diverses sources d'informations, notamment des ensembles de données et des API Web. Comprenez à quel point cette compétence est importante dans les projets de sciences de l'information.

Enquêtes mesurables : la bibliothèque SciPy de Python est fondamentale pour les enquêtes mesurables innovantes. Vous pouvez élargir sa part avec des tests théoriques et des études de rechute, à partir de là, il n'y a plus de limites.

également gérer de grands projets d'informations à l'aide de bibliothèques comme PySpark . Partagez vos connaissances sur la façon dont Python s'intègre dans le grand système d'information biologique.

Moralité de l'information : Insistez sur l'importance de la moralité de l'information dans les projets de sciences de l'information, y compris sur des sujets tels que la sécurité et la disposition de l'information. Vous devez expliquer comment Python aide à résoudre ces problèmes.

Carrières en sciences de l'information avec Python : fournir des conseils sur la façon dont les gens peuvent bâtir une carrière dans les sciences de l'information à l'aide de Python, y compris les méthodes et ressources d'apprentissage recommandées.

Les lecteurs peuvent être importants à la fois en tant qu'essayistes et en tant qu'écrivains. Cette approche rendra votre contenu véritablement engageant et éducatif.

Conclusion :

- Documentation : Avant tout, assurez-vous que votre code est légitime. Utilisez des remarques pour comprendre la motivation derrière vos compétences, vos facteurs et votre raisonnement compliqué. Cela vous aidera, vous et tous les futurs concepteurs qui voudraient bricoler votre code.

- Tests : effectuez des tests intensifs pour garantir la fidélité des fonctions de votre code. Recherchez les cas extrêmes et gérez habilement les erreurs potentielles. Résolvez tous les problèmes pouvant survenir lors des tests.

- Nettoyage du code : avant de finaliser votre code, assurez-vous qu'il est parfait et coordonné. Éliminez le code répétitif ou inutilisé. Cela favorise la compréhensibilité et facilite la maintenance.

- Optimiser l'exécution : si nécessaire, mettez à jour votre code pour l'exécution. Cela peut inclure l'optimisation des calculs, la réduction de l'utilisation de la mémoire ou l'augmentation de la vitesse d'exécution.

- Éliminez les erreurs : assurez-vous que votre code gère correctement les cas particuliers et les erreurs. Essayez de bloquer pour éviter les plantages et les messages d'erreur fatals.

- Les étapes suivantes :
- Contrôle de personnalisation : pensez à utiliser un framework de contrôle de rendu comme Git . Cela vous

permet de suivre les modifications, de collaborer avec d'autres et de revenir efficacement aux formulaires précédents si nécessaire.

- Enquête de code : lorsque vous travaillez avec un groupe, effectuez des enquêtes de code directes. Cela permet d'identifier les problèmes attendus, d'améliorer la qualité du code et de partager des informations.

- Documentation pour les clients : en supposant que votre code sera utilisé par d'autres, créez une documentation facile à comprendre. Clarifiez comment vous utilisez votre code, ce qu'il fait et fournissez des modèles.

- Contribution et accentuation : partagez votre code avec d'autres et recueillez les critiques. Utilisez cette critique pour itérer et améliorer constamment votre code.

- Mise à l'échelle et maintenance : planifiez ce qui s'en vient. Si votre code est essentiel pour une organisation plus grande, réfléchissez à la manière dont il évoluera et à la maintenance qui sera nécessaire.

- Considérations de sécurité : en fonction de votre projet, envisagez des mesures de sécurité pour vous protéger contre les vulnérabilités et les perturbations des informations.

- Déploiement : si votre code doit être utilisé pour la construction, planifiez comment l'organiser. Cela peut inclure la mise en place de serveurs, la mise en place de bases de données d'informations et la garantie de la polyvalence.

- Appris : restez informé des dernières avancées de Python et des innovations associées. L'apprentissage est un cycle cohérent dans le domaine de la programmation.

- N'oubliez pas que la fermeture de votre code Python n'est qu'une étape vers l'avancement de la programmation. Une bonne préparation et les étapes suivantes sont essentielles pour assurer l'accomplissement et la longévité de votre tâche. Bon codage !

indice

En Python, la stratégie add() est essentiellement utilisée pour ajouter des composants aux ensembles de données. Les enregistrements sont une structure d'informations flexible qui vous permet de stocker diverses choses. Voici comment utiliser add() :

La technique add() est explicitement destinée aux ensembles de données. Il vous permet d'ajouter des composants à la toute fin d'une carte, augmentant ainsi sa longueur. En supposant que vous ayez un aperçu gratuit :

```python
Code en double
ma_liste = []
```

Pour ajouter des composants à cet aperçu, vous pouvez utiliser Annex(). Par exemple:

python
Code en double
ma_liste.append (1)
ma_liste.append (2)
ma_liste.append (3)
Après avoir exécuté ces lignes, my_list contiendra[1, 2, 3]. La stratégie add() est particulièrement utile lorsque vous devez créer une vue d'ensemble hautes performances en ajoutant des composants au fur et à mesure de l'exécution de votre programme.

Voici un modèle plus raisonnable. Supposons que vous ayez besoin de collecter des informations client et de les stocker dans un aperçu :

```python
Code en double
réponses_utilisateur = []
valable aussi longtemps que :
réponse = input("Tapez quelque
chose (ou 'q' pour mettre en
pause) :")
si réaction == 'q' :
casser
    user_responses.append (réponse)
```

Dans ce code, la stratégie Annex()
ajoute la contribution du client à la
liste "user_responses" jusqu'à ce
qu'elle s'arrête en tapant "q".

Il s'agit d'un prologue important à
l'utilisation de add() en Python et
d'un atout incroyable pour créer et
modifier des enregistrements dans
vos projets. Si vous avez des
questions spécifiques ou avez
besoin de plus de détails sur un
point connexe, demandez

simplement si cela ne vous pose pas trop de problèmes.